9 798607 616632